0

문학과지성 시인선 241

아픈 곳에 자꾸 손이 간다

이윤학 시집

문학과지성사에서 펴낸 이윤학의 시집

먼지의 집(1992)
붉은 열매를 가진 적이 있다(1995)
꽃 막대기와 꽃뱀과 소녀와(2003)
그림자를 마신다(2005)
너는 어디에도 없고 언제나 있다(2008)
나를 울렸다(2011)
짙은 백야(2016)

문학과지성 시인선 241
아픈 곳에 자꾸 손이 간다

초판 1쇄 발행 2000년 3월 25일
초판 6쇄 발행 2023년 2월 13일

지 은 이 이윤학
펴 낸 이 이광호
펴 낸 곳 ㈜문학과지성사
등록번호 제1993-000098호
주   소 04034 서울 마포구 잔다리로7길 18(서교동 377-20)
전   화 02)338-7224
팩   스 02)323-4180(편집)   02)338-7221(영업)
전자우편 moonji@moonji.com
홈페이지 www.moonji.com

ⓒ 이윤학, 2000. Printed in Seoul, Korea

ISBN 89-320-1148-6 03810

이 책의 판권은 지은이와 ㈜문학과지성사에 있습니다.
양측의 서면 동의 없는 무단 전재 및 복제를 금합니다.

지은이는 2008년 한국문화예술위원회가 지원한 창작지원금을 수혜했습니다.

문학과지성 시인선 241

아픈 곳에 자꾸 손이 간다

이윤학

2000

시인의 말

거의 다 잃어버렸던 것들을 불러다 엮는다.

이제 당신을 부르지 않기로 했습니다.

이제 당신은 영원한
제 짝사랑의 상대입니다.

2000년 봄
이윤학

아픈 곳에 자꾸 손이 간다
차 례

▨ 시인의 말

제1부
이미지 / 9
꼭지들 / 10
헛바늘 / 11
양배추 수확 / 12
풀밭 / 13
이별 / 14
배추 / 15
봄 / 16
시냇물 / 17
눈 / 18
손 / 19
경주 / 20
연민 / 21
물통들 / 22

제2부
이별 2 / 25
파리 한 마리 / 26
무화과 / 28
겨울의 거울에 비친 창문 저편 / 30

칼끝 / 32
길 / 34
해바라기 / 36
정지된 표면 / 38
물풀 / 40
눈보라 / 42
끈질긴 침 / 44
늙은 참나무 앞에 서서 / 46
모기 / 48
긴고랑길 / 50
마을 회관, 접는 의자들 / 52
비행기 노래를 따라감 / 54

제3부
첫사랑 / 59
달에 울다 / 60
기찻소리를 듣는다 / 61
둥지 / 62
여름 한낮 / 63
갑오징어 / 64
무사마귀떼에게 바침 / 65
밤의 저수지 / 66
돌멩이들 / 67
염색한 머리 / 68
놀이터 / 70
바람의 그림 속 / 72

소래, 어시장, 좌판 횟집들 / 73
밴댕이젓 / 74

제4부
거울 / 79
어항 속의 창들 / 80
성환에서 1 / 81
성환에서 2 / 82
들길 / 84
아버지 / 85
길 2 / 86
다시 꽃이 핀다 / 88
봄 2 / 90
썩어버린 연못 / 92
고향으로의 이사 / 94
폐비닐 / 95
벽 / 96
반초도 안 되는 순간 / 98

▨ 발문 • 견딤의 미학 • 박형준 / 99

제1부

이미지

삽날에 목이 찍히자
뱀은
떨어진 머리통을
금방 버린다

피가 떨어지는 호스가
방향도 없이 내둘러진다
고통을 잠글 수도꼭지는
어디에도 보이지 않는다

뱀은
쏜살같이
어딘가로 떠난다

가야 한다
가야 한다
잊으러 가야 한다

꼭지들

이파리 하나 붙어 있지 않은 감나무 가지에
무슨 흉터마냥 꼭지들이 붙어 있다

먹성 좋은 열매들의 입이
실컷 빨아먹은 감나무의 젖꼭지

세차게 흔드는 가지를
떠나지 않는 젖꼭지들

나무는,
아무도 만지지 않는
쪼그라든 젖무덤들을
흔들어댄다

누군가를 떠나보낸
저 짝사랑의 흔적들을

혓바늘

혓바닥 위에 잘못 떨어진
우박 하나를 녹이기 위해
밤을 새운다

이 세상에서
같은 부위를 같이
앓는 사람은 몇 안 된다,
같은 시간이란 존재하지 않는다

너는 오랫동안 설치기만 했다,
이게 설친 대가다, 아픈 곳에
자주 면회가던 혀끝이여, 이제
거울만이 너를 볼 수 있다

너의 거짓 위로는 탄로났다
너는 그 동안,
어디든지 찾아갔었다

누군가,
네 혓바닥에 깊이
뜨거운 바늘 말뚝을 박아놓았다

양배추 수확

사람들이 낫을 들고
양배추 밑동을 치고 있다.
일렬 횡대로 파묻힌 죄수들
겁에 질려 머리끝까지 시퍼렇다.

쳐죽일 놈들, 쳐죽일 놈들……
머리통은 고랑으로 굴러떨어진다.

죄를 만드느라, 짓느라
머리통만 커졌다.

풀밭

두 눈 질끈 감고
벌렁 누워
태양의 폭음을 즐긴다

단발 머리 소녀들
토끼풀 무덤 위
흰 꽃을 꺾는다

머뭇거리다, 시드는
꽃시계 꽃반지를 엮는다

나는,
마음만 먹으면
일곱 살 시절로 돌아갈 수 있어

토끼풀 무덤이,
잠깐 흔들리다
제자리를 찾는다

이별

무엇이 빠져나갔는지
무엇을 잃어버렸는지

시멘트 바닥 위에 파인
작디작은 구멍들,
슬레이트 처마의 골을 따라
줄 서 있네

언제 떨어질지 모르는 빗물을,
다 비워내고 기다리고 있네

텅 빔을,
텅 빈 속만큼
들여다보고 있네

배추

오늘도 무사히!

손을 모은 채
촛불 앞에 꿇어앉아 있는
잠옷 차림의 여자가
액자 속에 들어가 있다

배추 한 포기마다엔
걸레 옷을 입고
비료를 뿌리고
물을 대주고
약을 쳐주는
농사꾼 부부의 맘이 들어가 있다

푸르른 이파리들 속에
터지게 들어가 있다

봄

인사동 거리를 지나간다.

긴 머리 퍼머한 흑인 여자. 아이를 안고 유물들을 구경한다. 갓난아이의 등을 토닥거려준다. 아이에게 물린 젖꼭지 보이지 않는다.

엄마의 시선을. 엄마가 보는 풍경을. 아이가 꾹꾹 빨아먹는다.

시냇물

물 속의 작은 조약돌들
물의 살을 찢고 가른다
물의 흐름을 바꿔놓는다

마음속에 박힌 응어리들
숨은 악기들

눈

검은 웅덩이에 눈이 내린다
검은 웅덩이에 눈이 덮이지 않는다
검은 웅덩이에 눈이 불어난다
눈은 어쩌자는 것이 아니다
눈은 검은 웅덩이를 무시한다
눈은 검은 웅덩이를 저주한다
눈은 검은 웅덩이에 자신을 버린다
눈은 검은 웅덩이에 자신을 섞는다

손

가끔,
필요한 물건을 들고
찾을 때가 있다

방금 전까지
여기 있었는데
감쪽같이 없어질 때가 있다

어디 갔을까,
어디 갔을까,
손이 어디 갔을까

주위를, 빙빙 돌 때가 있다

경주
──느티나무, 무덤 위에서 죽다

내가 당신 무덤을 파먹었지
내가 그곳을 열어보았지
너무 깊은 데 당신이 묻혀
그 추억을 파먹는 데 꼬박
천년이 흘렀다

연민

한 마리 개미를 관찰한다

돋보기로 보는 개미
흐릿하게 확대되어
어지러운 마음속에 사로잡힌다

얼마나 추웠을까?

초점을 맞춘다

물통들

뻘건 플라스틱 바가지로 약수를 뜨다 보니
나 하나쯤 맘껏 퍼먹어도
그대로일 약숫물이
누군가의 눈물샘인 것만 같은 것이다

줄어들지 않는 줄과
좁혀지지 않는 간격 사이에
목마른 물통들이 놓여 있는 것이다

제2부

이별 2

빠진 나사 구멍이 녹슬었다
빠진 나사가 끝에서 떨어져
녹슬었다, 더 많이 녹슬었다
빠진 나사 구멍이 컴컴하도록
녹슬었다

파리 한 마리

언젠가 수십 마리의 파리가
소가죽 위에 붙어 있는 걸 보았다

소는 고개를 흔들고
꼬리를 쳐서 파리를
쫓고 있었다

저리 가, 저리 가
저리 가지 못해

더러움을 빠는 짐승만도 못한 놈들!
너희들은 더러움의 극치다, 하지만
더러움 때문에 파리는 끼었다
죽음을 각오한 파리들은
무서울 것이 없었다

어디든 더러움이 있다면
떼거지로 몰려가는 파리들
더러움을 먹고 더러움을 옮기는
파리들, 더러움이 있어

살 수 있는 파리들

겨울 밤, 우연히
천장에 붙어 있는 파리 한 마릴 보았다
언제 어디로 들어왔는지 모를 파리 한 마리
며칠째 천장에 붙어 있었다

어디에도 등을 대지 않았을
파리 한 마리

빗자루로 쓸어내자,
파리는 바닥에 떨어져내렸다
파리는 바닥에 누웠다, 다시는
가 닿을 수 없는 천장을 향해
손을 뻗고 있었다

무화과

이끼가 피어나고 있다, 이끼가
담을 타고 올라가고 있다
아무도 넘보지 않는 담, 아무도
궁금해하지 않는 담 너머,
무화과나무 열매들 벌어지고 있다

노인이 자전거를 타고
좁은 골목길을 빠져나간다
젊은 여자가 자전거 핸들 사이에
목욕 가방을 끼고,
물 묻은 머리카락 휘갈기며
보도 블록 위를 달려간다

담 너머 한가로운 여름 벌판이
펼쳐졌으리라, 끝없는 잡풀들 사이로
한 번도 열리지 않은 길이 숨었으리라

벌과 나비가 머물렀다 가는
오목 볼록 꽃무늬 대접들,
뒤엉켜 춤을 추고 있으리라

초록색 대문이 열리고
갑자기, 아이가 뛰어나온다
슈퍼에 가는가, 수돗가에
망초꽃 몇 송이 피어 있다
장독들은 평생 동안의
일광욕을 즐기고 있다

변하지 않는 것은 겉모습뿐이다, 세월뿐이다
장독들은 벌어지는 무화과를 구경하고 있다,
검은 입 속, 이 사이에 낀 침묵들이,
번쩍번쩍 출렁거리고 있다

무화과 열매들은 움츠러들지 못한다
찢어지면서, 시뻘건 속을 드러내놓는다
누가 저걸, 실과 바늘로 꿰맬 수 있을까

겨울의 거울에 비친 창문 저편

녹슨 방범 창살에서,
검은 칠이 벗겨져나온다,
이 방안은 꿈속이 아니다
저 바깥은 드넓은 감방이다

거울에 비친 그의 얼굴,
그것말고는 모두가 환상이다

현실을 긍정하십니까,
불행을 감수하시렵니까,
그의 얼굴은 무표정으로 굳어 있다
그는 무표정으로 무장하고 있다

이렇게 별일 없이 늙어가게 하는
힘은 무엇인가

그의 얼굴에는 내면의
고통이 솟아올라 굳어 있다

가벼움들!

마른 단풍잎들
끊임없이 엄살을 피우고 있다

여기는,
겨울에도 개장수가 지나가는 동네, 이사 가야지
이민 가야지, 개 파슈, 개나 고양이 삽니다

오토바이 짐칸에 실린 감방은,
볼썽사납게 텅 비어 있다

칼끝

냉방에 들어가
한 자루 칼이 된다.
칼자루를 쥐고 떤다.

긴장된 장판 위에
칼날을 세우고 선다.

뻘겋게 달았을 당시,
무수히 내리쳐진
망치에 대한 설렘.

썩는 칼자루의 정신으로
당신에게 들이닥칠 순 없다.

녹을 터는 떨림으로
몸의 한 끝으로
당신과 접선한다.

불이 들어오면 금방
쭈글쭈글 늘어지는 장판……

칼은 눕혀져 녹슨다, 아니다
칼은 꼽혀져 녹슨다.

당신에게 갈 때,
거칠게 칼끝이 떤다.

길

리어카 위에 꽃상여를 올려놓고
밀고 가는 사람들을 만났다

비상등을 켜고
중앙선을 넘어
그들을 앞지른다

평생을 열매 만드는 공장,
과수원이 옆으로 펼쳐진다
물 속처럼 드러나는 하늘을
룸 미러를 통해 쳐다본다

나는 지금,
어디로 밀려가고 있는가

뒷좌석 뒷유리 밑에서
바람이,
책장을 찢어발기고 있다

이제 나에게는

길에서 혼자 죽을 수 있는
독단도 남지 않았다

급브레이크를 밟은 타이어 자국이
내 흐릿한 의식 속에 휘어진,
두 줄의 검은 헛바닥을 처넣는다

해바라기

자기 자신의 괴로움을
어떻게 좀 해달라고
원하지 않는 해바라기여

죽는 날까지
뱃속이
까맣게 타들어가도
누군가를 부르지 않는 해바라기여

누군가를 원망하지 않는 해바라기여

너 말라 죽은 뒤에
누군가 잘못 알고
허리를 끊어가리라

너는 머리로 살지 않았으니
네 머리는 땅속에 있었으니

뱃속을 가득 채운 씨앗들이
너의 전철을 밟더라도

너의 고통을 답습하더라도

너는 평생 동안
가장 높은 곳에
가장 먼 곳에
통증을 모셔놓고 살았으니

정지된 표면

책꽂이를 정리하다,
잘못 뽑아 든 1994 가계부.
『행복이 가득한 집』에서 나온
매일행복해지는가계부.

난로 위에는
은색 주전자가 올려져 있다.
찻잔에서 세 줄의 김이
가늘게 가늘게 피어오르고 있다.

턱을 괴고 앉아 있는
여자의 구김 없는 얼굴.
저 여자는 누구일까? 사람일까?
식탁 위에 펴진 가계부, 살진
고양이가 졸린 눈으로
그녀를 쳐다보고 있다.

아니다, 그런 게 아니다.

창밖에선 눈이 내리고 있다

공중에 떠 있다. 그 여자는 아무것도
기다리지 않는다.

표지는 표면이고,
그것은 대개 거짓이다

물풀

흙탕물이 떠내려가는
조그만 다리 밑을 쳐다보고 있었다

장마가 지나간 뒤
장마가 남기고 간 비닐류들
플라스틱류들,
나뭇가지에 뒤엉켜 있었다

머릿속과도 같이,
엉망진창이 되었어도
언젠가 맑은 물이 되어 흐를 것이었다

장마가 훑고 지나간 뒤,
미끌거리는 물때 때문에
이리저리 끌려다니는 물풀의 줄기들
고통의 춤을 즐기고 있었다

무엇이든,
끌어가고 싶어하는 물의 힘이여

너 없으면
어디로도 향하지 못할 것이었다
물풀들은 타 죽을 것이었다

눈보라

상상은 끝났다,
버림받는 순간,
그걸 깨닫기 무섭게
끝없는 벼랑만 남았다

눈보라치는 벌판 한가운데
끝없이 나 있는 좁은 길바닥,
내 맘을 따라온 발자국들,
흩어지고 흩어지고 있다

어디로도 가지 못한다, 나는
나를 버리려고 헤매고 있을 뿐!
나를 따라온 발자국들, 예전에도
나를 떠났던 것, 나는 나를 지우지 못한다

나는 내가 아니기를,
얼마나 오랫동안 바라고 있었던가

길가에 쳐진 버드나무 가지들, 그
길고 가느다란 꼬랑지들 쉴새없이,

사방팔방으로 찢기려고
발광을 하고 있다

끈질긴 침

산밑을 개간해서 만든
기다란 밭에 무성한 잡초들,
암소가 끌고 가는 쟁기날에
억센 풀들이, 황토 밑으로
뒤집히고 있다

멀리서,
누런 연고를 찍 짜놓은 것같이
흘러내리는 길

모락모락 김 나는 여물을 이고
아줌마가 걸어오고 있다

반쯤이나 갈았을까?
저걸 다 갈아야
여물을 먹을 수 있다

이랴, 이랴, 이랴,
코뚜레에 연결된 똥 묻은 고삐가
김 나는 뱃가죽 위에

딱, 딱, 딱, 붙었다 떨어진다

암소는 눈을 크게 벌리고
고개를 끄덕이고 있다

저 벌렁거리는 콧구멍,
쉴새없이 김이 쏟아져나오는 콧구멍, 콧구멍,
끈질긴 침이
벌어진 입에서 흘러내려
끊어지지 않는다

늙은 참나무 앞에 서서

무수히 떡메를 맞은 자리에
엄청난 둔부 하나가 새겨졌다

벌과 집게벌레가 들어와
서로를 건드리지 않고
살아가고 있다, 무언가를
열심히 빨아먹고 있다

저긴,
그들만의 천당이다

누군가에게
내 상처가 천당이 될 수 있기를

내가 흘리는 진물을
빨아먹고 사는 광기들!

다시,
열매들이 익어가고 있다
누군가 떡메를 메고 와

열매들을 털어가기를
더 넓게 더 깊게
상처를 덧내주기를

누군가에게 가는 길,
문을 여는 방법,
그것밖에 없음을

모기

1

고향,
새로 지은 집,
새로 들인 방에
버젓이 앉아 담배를 피운다

지나간 것은 아무것도 없다,
찾아지지 않는다,
여기가 어딘가, 새로 들어서는 것들
불가피, 불가피하게 찾아 들어선 집

나는 나가야 하리라, 사는 건 나가야 하는 것;
구석에 밀어논 제구 용품들, 반쯤 타다 멎은 촛불!
향로 속으로 뚫어진 구멍들, 너희들은 아느냐
연기가 되고픈 순간들!

2

벽지의 꽃에 앉아 있는 모기를 본다, 나는

너를 어쩌지도 못한다, 너는 알고 있다

너는 갇혀 있으니, 붙어 있으니
나를 돌아볼 수도 없다

재떨이에 담아 보내려는 순간,
너는 날아오른다
병풍 뒤로 가서
붙는다

지금은 입춘도 지난 시절, 너는
다음 번 생을 기다릴 수 없었겠지
끈질긴 목숨을 탓하고 있었겠지

한 번 태어난 것 때문에
어쩔 수 없었겠지

긴고랑길

오른손이 따르고
오른손이 잔을 들어
입에 붓는다.

그렇게 망가뜨리는 게
인생 아니겠는가!

초저녁의 포장마차에서
숟가락 젓가락통에
취한 머리를 누인 자,
천벌받는 자다.

방안에 틀어진 TV의
쇼 프로나 뉴스 같은 것과는
동떨어져 숨쉬는 자다.

술집에서도 일찍 쫓겨나
정신없음으로,
하루치의 불행을 까먹은 자,
그는 진정 구원받은 자다.

구원받길 갈망하는 자다.

이 길에도 언젠가, 단풍이 떨어져내려
앙상한 가지들 위로 얼어붙은
물 속의 하늘이,
쿵쿵 짓이겨져 갈라져
드높이 펼쳐지리라.

한쪽뿐인 불구의 가슴이
하염없이 시려오리라.

마을 회관, 접는 의자들

누가 건드려도
누구의 체중을 받들어도
엄살이 빠져나온다

누가 남의 엄살 따위를 사랑하겠는가
삐걱거리다 버려질 운명을 타고난
녹슨 접는 의자들을 본다, 나는
누군가에게 필요한 사람이었던 적이
있었던가

접는 의자들,
자신을 드러내지 않는다
자신을 선전하지 않는다

접힌 의자들,
칼날이 만든 상처 속에
변치 않는 스펀지를 펼쳐놓고 있다

깨진 창을 찾아드는 햇볕
칠이 벗겨진 곳을,

집중 파고드는 녹을,
접힌 의자들은 무시하고 있다

누군가를 대신해
아파줄 능력을 가진 사람
이 세상 어디에도 없다

몇십 년, 펴진 채로
대신 엄살피우기 위해
얼마나 회의 시간을 기다렸던가

비행기 노래를 따라감

후미진 골목길,
오락실 앞을 지나간다
내놓은 오락 기계에서
노랫소리 울려퍼진다

떴다 떴다 비행기 날아라 날아라
높이 높이 날아라 우리 비행기

아이는,
침대 위의 이불들을 끌고
거실로 가고 있다

매일 밤,
술 먹고 늦게 들어와
허리 구부리고 자는 대하(大蝦)

이불만한 거실서
아이가 울음을 터뜨린다

이제는,

종이로 접는 비행기는 시시해서
못 접겠단 말이야……

누군가,
오락실 앞을 지나가고 있다

제3부

첫사랑

그대가 꺾어준 꽃,
시들 때까지 들여다보았네

그대가 남기고 간 시든 꽃
다시 필 때까지

달에 울다

가을 밤, 벌어지지 않는 밤송이 속에서
벌레가 운다. 가시를 깎인 봉분 앞에서
누군가 엎드려 절을 한다. 어부바, 어부바, 어부바,
달 뒤편의 반짝이는
고기 비늘의 창문들
고기를 굽는 아버지의 먼 친척들
아버지의 얼굴은 달에도 그을린다.
업어봐. 업어봐. 업어봐. 달이
푸른 등 위로 오른다. 달의 얼굴로 수심들이 지나간다.
추억을 파먹는 노랫소리 흘러간다.

기찻소리를 듣는다

아무리 들어도 질리지 않는다, 떠나간다는 말
모든 걸 뿌리치고 떠나간다는 말, 거기서 오래도록
잘 살라는 말, 비키라는 말
비키지 않으면 다친다는 말, 돌이킬 수 없다는 경고!

새벽에 기찻소리를 듣는다,
너는 오늘도 떠나지 못한다
이어폰으로 반복해서 듣는 노랫소리
너는 내일도 떠나지 못한다

밤새 어둠 속을 헤치고 와서,
밤새 짐을 싣고 헤매다 와서,
딴 여자랑 잠든 남자를 깨운다

거기가 종착역이 아니다,
영원히 잘못 내린 것이다

둥지

어느 날,
잉꼬 수컷이 죽었다
암컷은 둥지 속에 머리를 박고
나오지 않았다

악보를 그리는가
그림을 그리는가
글을 쓰는가

암컷의 꼬리
천천히 노를 젓는 것 같았다

좁쌀이 먹이통을 채우고 있었다
신선한 물이 매일 공급되었다

둥지 속에 박힌
암컷의 머리통
꼬리의 움직임을 멈췄다

여름 한낮
―우물 앞 벤치

저 우물이 생긴 유래를 아는 사람은 없다
저 우물가에는 잡풀들이 우거져
우물을 감싸고 있다,
우물은 맑은 눈물을 흘리고 있다

우물은 현기증, 매미 울음 속의 머릿속이다
무언가 끊임없이 채워야 하는 통이다
언제나 멀게만 느껴지는 바닥이다,
신기루 속이다

커다란 외눈박이 우물 속에서, 시퍼런
손바닥을 뒤집을 때마다
신기하게 빛이 새어나오는 미루나무 이파리들!

우물을 바라보는 사람의
잊혀진 아픔까지 찾아내
들쑤시고 있다

잠에서 깨어난 아이가
낯섦 때문에 울음을 터뜨린다, 아무도 없다
아는 사람이 아무도 없다

갑오징어

바닷가 노상 횟집에서
갑옷을 입은 오징어를 시켰다

갑옷을 벗겨내자
대야 가득 먹물이 퍼졌다

갑옷은 두꺼웠고 질겼다
우린 오징어의 갑옷만을
데쳐서 먹는 것이었다

대야의 물을 쏟아내자
하얀 배 네 척이
먹물을 타고
도랑을 내려가고 있었다

우리 일행은 갑옷 네 벌을 나눠 먹었다
오징어 네 마리의 닻 없는 영혼을,
노을의 바닷물에 풀어놓아주었다

무사마귀떼에게 바침

전철 문이 열리고
무사마귀떼 얼굴 가득한 젊은 처자
고개 수그리고 들어왔네.

처자는 금방 자리를 잡았네.
눈을 감아버렸네. 처자의
잠긴 문 안을 상상하는 시선들, 처자는
얼마나 고개를 저어보고 싶을까.

가랑잎을 뒤집어쓴 무사마귀떼.
고개를 쑤셔 박고 숨은 무사마귀떼.

숨을 곳이란, 자기 자신의
끝없이 어두운 동굴밖에는 없네.

처자는, 언제까지나 자신을
동굴 끝으로 몰고 가고 있네.

밤의 저수지

조금이라도,
자신의 속을 보이기가
죽기보다 싫기 때문이다
아니 싫증났기 때문이다

썩은 물 고인 저수지는
어두컴컴한 내부만을 보여준다

착각을 허락하지 않는다

엄살을 피우다 잠시 쉬러 온
밤의 저수지에는,
툼벙거리는 기척이 없다

깊은 데서
울먹이는 듯한 별빛 주위에
번진 불빛,

저 두꺼운 벽을 뚫고
들어간다 하더라도
환상의 기억을 어쩌지는 못하리라

돌멩이들

치이고 차여서
제자리를 떠난다

금이 가고 깨져서,
자신의 존재를 분리시킨다
자신의 생을 분가시킨다

비포장 길에 부려진 돌멩이들
닳아서 삭을
박힌 돌멩이들 곁에서
튀어나간다

염색한 머리

청량리 588번지를 지나왔다.

겨울 밤이 지나가는 걸 보았다.
소나무숲을 빠져나가는 끈질긴 신음 소리, 윙윙
눈이 날리고 있었다. 볼때기가 찢어질 것 같다고
찢어진다고 느낀 것은, 엄살이었다.

회갑을 맞을 채비는 되어 있는 걸까.
늙은 여자는 시장 바구니를 들고, 없어진
홍등 사이를 걸어가고 있었다. 없어진 것들 속에도
없어질 것이 있다는 말이었다.

겨울 밤이었다, 늙은 여자는
겨울 밤 소나무숲을 보여주고
사라지고 있었다.

검은 염색한 머리, 눈 내린 밤이 지나가고 있었다.
언제 눈이 내렸다는 말인가, 여름인데
언제 겨울이 되었다는 말인가.

눈 내린 소나무숲 분재를 가지고,
늙은 여자는 지금 어디를 향하여,
바삐 걸어가고 있는가.

놀이터

겨울 저녁,
게워내고 죽은 강아질 묻으려고
놀이터로 향했지
그네를 뛰는 아이는 앞을 보고
미는 아이에게 뭐라고 뭐라고
종알거리고 있었지
모종삽이 푹푹 들어갔었지
플라타너스 그늘이 시작되는
물기 많은 땅이었지

나는 그때까지,
누군가의 모래땅을 파헤치며
괴로워하고 있었지

달이 빛이 흘러가고 있었지
캄캄해질 달빛을 묻는 일이었지

달의 눈물과 흐느낌,
달이 웃던 시절을 묻는 일이었지

벽이 가까운 벤치마다에
깨진 병들이 흩어져
늘어지게 자고 있었지

바람의 그림 속

가냘픈 벼 포기들이
이파리를 흔들고 있다

좀더 깊이
뿌리를 앉히려고
벼 포기들은 쉴새없이
이파리를 흔들고 있다

가라앉은 흙탕물 위에
알 수 없는 그림을
그리는 바람이
지나가고 있다

떠오른 벼 포기들 고쳐 심은
비료를 뿌린
누군가의 발자국이 어지러이
부드러운 흙 속에 찍혀 있다

소래, 어시장, 좌판 횟집들

가끔 등을 돌려
비를 퍼맞는 뻘물을 바라보았네

썩어가는 젓갈들을
잔뜩 쌓아올린 상회들이,
지나간 시절에 윤이 나도록
불을 밝혀주고 있었네

정박해 있는 고깃배들
머리를 틀어 바다로 가고 있었네
갈매기들
까마귀 소리로 울고 있었네

뻘물에 빗방울이 떨어지고 있었네
뻘물에서 용암이 끓고 있었네

빗물을 받아먹고
돌아가는 뻘물을 바라보았네

내 눈에도
전깃불 하나쯤 켜져 있었네

밴댕이젓

드럼통에 담긴 비닐님은
이제 욕 다 보셨습니다

얼마나 그릇들을 옮겨다녀야
당신 밥상에 오를 수 있겠습니까

당신은 간장 종지 같은 데
나를 가두지 마시길
채를 썰어 무치지 마시길

갈린 뱃속을 다물기 위해
흘러내린 잘디잔 가시들

당신만은 꼭
머리통을 잡고 드시길

자, 아
입 벌리세요

뚝뚝 젓물 떨어집니다

아무도 건너간 적 없는
당신과 나 사이의 냇물
금세 징검다리가 생깁니다

제4부

거울

어디,
자신보다 더 불쌍한 인간이 또 있을까

눈물이 글썽거리는 눈동자

거울 속으로 문이 열리고, 그는
급히 거울 속에서 나와
눈물을 감춘다

다시, 알 수 없는 눈동자

시시각각, 변화무쌍한 생각들을 다
누구에게 바칠 수 있을까

어항 속의 창들

플라스틱 관을 세우는 공기 방울들
관 속에 난 구멍들을 막으려고
애쓰고 있다

끝없는 공기 방울들의 말을 알아듣는지
옛날에 자신이 창이었던 걸 알고 있는지
날씬한 오징어들
무엇인가를 계속 찔러보고 있다

어항 속에 갇혀
바닷물 속의 삶을 즐기고 있다

성환에서 1

집채만한 짚가리가 누벼져 있는 집 앞,
썩은 짚가리 앞에서 나는, 아직껏 망설였고
망설이고 있을 거네

구린내를 풍기는 철 지난 김칫독이, 수천 개
뚜껑을 열어제치고 나를 반기더라도,
나는 참을 수 있네

짐을 잔뜩 쟁여 싣고,
기울어진 짐과 함께 커브 길을
돌아나오는 트럭이 있을 때,
나는 급히 길을 건너고 싶은
욕망의 노예가 되네

내 저주는,
나를 다 태운 뒤에야 꺼지는 거네

성환에서 2

환한 꽃다발들
앞에 서 있으니
현기증이 일고
숨이 막힌다

지금까지,
어떻게 걸어왔을까
숨쉴 수 있었을까

아무도 없는,
배꽃 과수원 단지……

저건 미래에 대한
어떤 환상도 아니다

여직껏,
저런 꽃다발 한 번
주지도 받지도 못했다

벌써,

벌이 설치는 계절이 돌아왔다

걸어갈 길이 안 보인다
걸어온 길이 안 보인다

들길

들깻잎에 벌레가
일회용 우물을 파놓았다.

그 우물 점점 깊어졌다.
그 우물 점점 넓어졌다.

언젠가,
누군가의 여린 가슴에
저런 우물을 팠었다.

그 사람 얼굴을 잊었다.

누렇게 쉰 들깻대
지독한 냄새 진동한다.

아버지

활처럼 휜 논두렁을 걷는다
하나 둘 셋 튕겨나가는
개구리를 만난다

너라도,
새벽부터 불려나와,
논두렁 이슬을 털지 말아라
불쌍한 개구리를 쫓지 말아라

지게를 지고 걸어가시는 아버지
뒤를
지게 끈이 졸졸 따른다

길 2

아스팔트 자갈 위에
고양이 시체가 달라붙었다.

종단과 횡단은
길고 짧음의 차이.

바퀴는 피를 묻히고
피를 지우기 위해
광란을 일으킨다. 바퀴는
조금씩 살점을 뜯어먹고
무서운 속도로 소화시킨다.

길게 펴지는 고양이 시체,
길게 늘어나는 가죽의 평면도.

미래에 대한 조급함을 휘감는다.
언제까지나 차선이 나오리라.
벗어나지 못하리라.

쌍불을 켜고 최선을 다하여

고양이 피를 수혈하러,
살을 탐하러

다시 꽃이 핀다

팔,
다리,
머리,
몸통에서
무거워지는 알을 품고
끄떡도 하지 않는다.

저 괴력은
어디서 왔다,
어디로 가는 것인가.

사방으로 찢어지는
고통의 연속이 생인 것을,
악몽의 연속이 생인 것을,
새겨주고 심어주는 대추나무.

아직도 모자라, 뒤늦게
눈곱만한 꽃들을 다닥다닥
피워낸다.

수십 개의 늘어진 가지가
이파리보다 많은 대추알이
그 무엇보다 많은 대추꽃이
보는 이를 끌어당긴다.

봄 2

기울어진 전봇대 위에
까치 한 마리 앉아 있다
뭉툭한 부리를 갖고 있다
전봇대 속을 쑤시고 있다

놓칠 수 없는 무엇이 있다
구멍 속을 탐험하고 있다
구멍 속을 탐험하는 일에
전념하고 있다

긴 꼬리털 치켜올리고 있다
흰 줄의 날개를 몸에
찰싹 붙이고 있다

숨이 막혔다,
컴컴한 구멍 속에서
부리를 빼낸 까치 한 마리,
한참을 입을 벌린 채
전봇대 위에 앉아 있다

점점 커지는 구멍 하나
땅속으로 뚫려 있다

썩어버린 연못

청소차가 떼놓고 간 짐칸들이
공터 담벼락 밑에 버려져 있다.

검은 바탕에 흰 점 찍힌
개 두 마리,
짐칸들 사이로 기어들어가, 한쪽이
한쪽 구멍을 핥고 있다. 다른 한쪽이
훔쳐보는 염탐꾼을, 광적인 눈초리로
쏴보고 있다.

너희들은 가죽 색깔도 덩치도 같은 종자
염탐꾼의 코는 너희들보다
썩는 냄새에 한없이 인색하다.

너희들은 같이 썩자고 담합하고 있다.
어서 썩어버리는 것이, 세상과
화해하는 유일한 길이다.

코를 틀어막으며, 얼굴을 찌푸리며
그쪽을 담은 유리에 시선을 고정시키며,

이 염탐꾼 밥 먹으러 내려간다.

돌아오고 싶지 않은 길, 앞으로 얼마를 더
걸어야 할지 모르는 길, 이 염탐꾼
고깃덩어리가 가자는 대로
식당에 끌려가는 길이다. 기죽은
풀잎들을 보는 길이다.

아아, 슬쩍 올려다본 하늘,
뻔뻔스럽게 푸르른 하늘,
연못에는 아무도 살지 못한다.

고향으로의 이사

네 맘속에 세들어 살던 나
이제 답답했던 방 한 칸 비운다

겨울에 이불 속에서 켜곤 하던
드라이기의 추억을 잊어버린다

누구라도 들어와 살기를 꺼릴
좁아터진 방, 숨 한 번
제대로 쉬지 못한 방
한 칸에서 싸가지고 나온 짐

2.5톤 트럭 짐칸
반을 채우고 남은 짐

나 이제 너를 잊기 위해
오래오래 살아가겠다

폐비닐

폐비닐이 전깃줄에 걸려 나부낀다
바람의 물살이 거칠어져
몸살을 앓는다

중심이 잡혀
꼼짝달싹 못한다

물살이 다 빠져야
축 늘어진 날개를
겹쳐 안을 폐비닐

갈기갈기 찢겨야
뿔뿔이 흩어져야
물살을 따라갈 폐비닐

앞으로 나아가려고
온몸의 지느러미가
요동을 친다

벽

커피숍 전체가 바깥
붉은 벽돌 벽에 박혀 있다

낮에 불켜진 화장실
천장에 떠 있는 안개 속의 등
바깥 벽면을 서성이고 있다

누가, 언제나
자신의 정체를 바로 볼 수 있을까

영혼이 떠나버린 얼굴,
내부의 수도꼭지 위
그 세상을 바라보고 있다

그는,
바깥에 영혼을 떼놓고 있다:

페루의 밤에는, 밤마다
가보지 못한 별들이

주먹씩만하게
머리 위에 떠 있다

반초도 안 되는 순간

반초도 안 되는 순간,
어떤 벽에 뚫린 구멍은
이 세상의 비극을 다
보여주었네

반초도 안 되는 순간,
어떤 벽에 뚫린 구멍은
벌어졌다 오므라들었네

그녀가 돌아올 때마다
그녀가 돌아갈 때마다
그에게는 구멍이 하나
안에서 밖으로 뚫어졌네

이 세상이 쉬 망하지 않는 이유
한없이 시간이 더디기 때문이라네

발문

견딤의 미학

박형준

1

소년이 있었다. 이 소년은 무덤에서 혼자 놀았다. 아주 어렸을 때부터였다. 무덤은 자신과 닮아 있어 편안하고 자유로웠다. 소년은 집에 있는 것도, 아이들과 노는 것도 싫었다. 그들과 함께 있으면 말이 잘 튀어나오지 않았다. 말이란 생활에서 배운다. 아기들이 한 단어 한 단어 발음할 때마다 부모는 경이감마저 느낀다. 우리는 그것을 더듬는다고 하지 않는다. 그러므로 이 소년이 처음부터 말을 더듬었다고 할 수는 없다.

나무와 나무 사이에 걸린 거미줄, 문제는 그것이다. 소년은 절규한다. 왜냐하면 그 거미줄은 양쪽을 붙들고 어쩔 줄 모르는 자신이기 때문이다. 소년은 그것이 싫다. 소년은 돌멩이를 쥔다. 그리고 힘껏 그 사이의 중심을 향해 던진다. 이 상황을 이해하기 위해서 일차적으로 알아야 하는 것은 나무와 나무는 각기 무엇을 의미하는가이다. 그래야만 그 사이에 쳐진 거미줄과, 그것을 향해 돌멩이를 던지는 소년의 행동이 포함한 의문을 풀 수 있다. 소년은 왜 이 풍경을 보고 고통에 빠진 걸까. 우리는 모두 이 소년이 시를 쓰는 소년임을 알고 있다. 그의 시는 우리들 관념 속에 폐허와 절규, 고통의 신음 소리로 가득 찬 기도문으로 인식돼 있다. 이 소년은 자신의 시에 대해 한 산문에서 이렇게 고백한 바 있다.

나를 잊기 위해 글을 쓰지만, 글을 쓰고 난 다음엔 언제나 절망하고 만다. 어떤 대상을 골랐든, 어떤 의미를 생각했든, 그곳엔 나를 닮은 것들이 자리잡고 있기 때문이다. 나를 지우려고 애썼건만 결국엔 나를 그릴 수밖에 없음에 번번이 주저앉고 만다. ——「정원을 바라보는 시간」

소년은 바라보는 사람이다. 자신을 잊기 위해, 자신이 아닌 다른 것만 바라보고 지켜볼 뿐이지만, 그것은 자신의 내면, 자신과 닮아 있는 것뿐이다. 생각해보라. 자신과 다른 것을 찾기 위해 무엇이든 '관찰'하는 소년을! 그래서 소년은 풍경을 빨아먹을 듯이 바라본다. 그러함에도 이 처절하리만치 지독한 응시가 자신의 내면에 비친 풍경을 인화해낸 것임은 가령 다음과 같은 시에 잘 드러난다.

무당벌레 한 마리 바닥에 뒤집혀 있다
무당벌레는 지금, 견딜 수 없다

등뒤에 화려한 무늬를 지고 왔는데
한 번도 보지 못했다

화려한 무늬에 쌓인 짐은
줄곧 날개가 되어주었다
이제 짐을 부려놓은 무당벌레의
느리고 조그만 발들
짐 속에 갇혀 발버둥치고 있다
　—「화려한 유적」전문, 『나를 위해 울어주는 버드나무』

　이 시는 무당벌레의 무늬가 날개라는 인식이 바닥에 깔려 있다. 무늬는 곧 꿈이요, 희망이다. 무당벌레는 어디론가 날아갈 수 있게끔 하는 열망을 등뒤에 쌓으며 살아왔다. 그런데 무당벌레는 등뒤의 꿈을 확인하고 싶어한다. 꿈의 무늬가 커질수록 꿈의 실체를 확인하고 싶어하는 인식도 강해진다. 그것은 자신의 꿈을 그대로 받아들이지 못하고 믿지 못하는 강렬한 부정 의식에서 비롯된 것이다. 곧 그 꿈과 희망은 "화려한 무늬에 쌓인 짐"이 되는 것이다. 결국 무당벌레는 꿈의 확장과 그 꿈에 대한 부정 의식이 극점에 도달한 순간 뒤집히고 만다. 그 갈등의 폭발이 죽음이라는 인식이 이 시의 마지막 3행에 적나라하게 표현되어 있다. 소년은 대체 무엇 때문에 무당벌레를 보며 꿈의 덫에 걸려 발버둥치는 고통스런 풍경을 보는 걸까. 아무에게나 쉽게 보이지 않는 무당벌레의 화려한 꿈을 발견해내는 소년의 놀라운 관찰력이 죽음의 인식으로 향해지는 것은 무슨 이유 때문일까. 삶의 고통을 "화려한 무늬에 쌓인 집"으로 인식하며, 거기서 하늘로 향해 오르는 "날개"를 발견해내는 소년이 끝내 삶을 부정하는 이유는 무엇 때문일까. 소년은 삶을 강렬히 열망하면서 또한 그 삶을 강렬히 부정한다. 그 사이에서 소년의 시는 씌어진다.

처음으로 돌아가, 한 소년이 있었다. 소년은 무덤에서 혼자 놀았다. 무덤 역시 혼자 있는 존재였다. 그래서 소년과 무덤은 서로가 무엇을 원하는지 알 수 있었다. 그것은 아무에게도 방해받지 않고 혼자 노는 기쁨이었다. 혼자 놀던 소년은 어느새 무언가를 바라보는 습관이 생겼다. 무덤에는 수많은 것들이 기어다녔다. 개미, 무당벌레 등 곤충들이었다. 소년은 그들이 어떻게 집을 짓고, 무엇에 괴로워하는가 알게 되었다. 그런 소년의 등뒤로 저녁 어스름이 깔리면 어머니의 밥 먹으라는 외침이 들려왔다. 하지만 소년은 집에 들어가기가 싫었다. 집은 무덤 곁에서의 자유를 구속하는 또 하나의 세상이었다. 오히려 그곳은 음침한 관 속이었다. 소년은 언젠가 내게 "영혼이 자기의 의지가 있다면, 몸 속이 들어가고 싶지 않은 곳인 것처럼 나에게 집은 할 수 있다면 피하고 싶은 공간"이라고 말했다. 고향의 집뿐 아니라 그가 성장해서 머물게 된 도회지의 집들 역시 마찬가지였다. "여기가 관 속이야. 이사 가야지, 이민 가야지. 하지만 견딜 수밖에 없다." 소년은 고향에서 집을 거부하면서 집을 떠나지 못했던 것처럼 어디서 살든 쉽게 집을 떠나지 못했다. 소년은 내게 죽음의 순간까지 자신이 속해 있는 공간이라는 "집 속에 갇혀 발버둥치"며 견뎌야 한다고 외치고 싶었던 것일까. 끊임없이 자신이 속해야 할 공간을 키워나가면서 결코 그 공간에 자신이 속할 수 없다는 부정 의식 또한 강렬히 키워가는 이 소년. 나는 그 나무와 나무 사이에 거미줄처럼 매달린 소년의 내면 풍경을 서투르게나마 안내하는 것을 이 글의 목적으로 삼는다.

> 언덕 너머엔 청동거울 같은
> 저수지가 있었다.
> 내 영혼은 검은
> 산속에 숨어 잠겨 있었다. 길은
> 언덕 너머로 사라진다. 오지 않는다.
> ——「송덕리, 노을」 부분, 『붉은 열매를 가진 적이 있다』

지금 소년이 서 있는 언덕 너머엔 "청동거울 같은/저수지"가 있다. 소년의 영혼은 그 저수지에 숨어 있다. '청동거울'의 이미지는 분명 밝고 순수하며 희망찬 것이다. 그러니 그 속에 잠겨 있는 소년의 영혼은 늘 '청동거울'을 반질반질하게 빛내는 숨결의 동력이다. 하지만 "영혼은 검은"이라는 시행에서 보이듯, 우선 소년의 영혼은 검다. 그리고 동시에 소년의 영혼은 "검은/산속에" 있다. 즉 이 시행은 양쪽에 걸려 있다. 이 연만을 따로 분리해서 설명하면 다음과 같은 것을 유추할 수 있다.

1. 내가 서 있는 언덕(삶)은 내가 있을 곳이 아니다.
2. 그 너머엔 청동거울 같은 저수지가 있(었)다. 내가 있을 곳은 그곳이다.
3. 내 영혼은 분명 그 저수지에 담겨 있(었)다.
4. 그런데 그 영혼마저 불행하다. 내 영혼은 검은 산속에 숨

어 있을 뿐이다. 그러니 그 영혼은 들키지 않기 위해 숨어 있어야 한다.

5. 내가 서 있는 이곳에서 길은 저수지가 있는 언덕 너머로 사라진다. 나도 그 길처럼 언덕 너머로 사라져서 이곳으로 돌아오지 않기를 바란다. 나는 그 검은 산속에 잠겨 있는, 내 검은 영혼이 있는 곳으로 가고 싶다.

6. 그러나 나는 이곳에 서서 기다릴 수밖에 없다. 길마저 거기로 가서 돌아오지 않는다. 어쩌면 내 영혼은 오지 않는 나(현실의 나)를 기다리다 검어졌는지 모른다. 그러니 더더욱 이곳을 떠날 수 없다. 나는 이곳에서 기다리고 견뎌야 한다. 내 영혼이 숨어 있는 저수지는 '청동거울'처럼 빛나지 않는가.

소년은 현실 속에 이상이 있다고 믿는 의식이 강한 것처럼 이상 속에도 현실이 숨어 있다고 믿는다. 그 양자 사이에서 소년은 '견딘다.' 이 견딤의 의식은 소년의 시편 어디를 들춰봐도 드러난다. 다음과 같은 시는 굳이 설명이 필요 없을 정도로 그 견딤의 강도가 얼마나 안쓰러운지 한눈에 보여준다.

장독을 치우고, 장독 밑에 깐 판때기를
들어냈다. 한줌의 부드러운 흙이 은밀하게
쥐며느리를 감싸고 있었다.

문이 열리자, 아니 문이 닫히자
쥐며느리들은 한결같이 둥글게

몸을 말고 있다. 몸 속에 다리를
넣고 있다. 상처를 견디기 위해
악착같이 몸을 구부리고 있다.
　　——「쥐며느리」부분, 『붉은 열매를 가진 적이 있다』

　견딘다는 것은 아무것도 버리지 못한다는 것이다. 소년을 볼 때마다 나는 소년의 육체가 '걸어다니는 기억의 집적물'이 아닌가 착각할 때가 있다. 저 조그만 몸 속에 얼마나 많은 추억의 유적지를 가지고 절그럭대며 다니고 있을까 생각하면, 나는 이런 우화들이 생각나곤 한다. 여우가 있었다. 여우는 병 속에 든 고기가 먹고 싶었다. 그래서 병 속에 손을 넣고 얼른 고기를 움켜쥐었다. 그런데 손을 움켜쥔 채로는 손을 뺄 수 없었다. 여우는 이러지도 저러지도 못하고 병 속의 움켜쥔 손을 바라보았다. 아마 여우는 울고 싶을 것이다. 또 한 여우가 있었다. 이 여우는 포도가 먹고 싶었다. 포도는 높은 담장 너머에 매달려 있었다. 여우가 아무리 팔짝팔짝 뛰어도 손에 닿지 않았다. 힘이 다 빠진 이 여우도 울고 싶었을 것이다. 그런데 이 여우에게 기발한 생각이 떠올랐다. 여우는 갑자기 힘이 생겼다. 그래서 팩 돌아서서 뒤도 안 보고 걸어갔다. "쳇, 저 포도는 맛없는 신 포도야." 하지만 이렇게 중얼거리는 이 여우의 말은 어딘지 힘이 빠져 보였다.

　소년은 어떤 여우일까. 그것을 말할 필요는 없을 것이다. 그리고 또 한 여우에 대해 말할 필요도 없을 것이다(눈치 빠른 독자라면 말을 안 해도 다 안다). 내가 이 우화를 상기시키는 것은 소년과 내가 꽤나 오랫동안 친하다는 소문이 주변에 떠돌기 때문이며, 또 하나는 이 글이 발문 형식을 취한 것이어서 자연스럽게 그와의 추억을 서술해야 할 의무가 있기 때문이다.

2

얼마 전에 '병 속의 고기를 움켜쥔 여우'와 '신 포도 여우'가 지일에 놀러갔다. 지일은 병 속의 고기를 움켜쥔 여우가 대학 시절, 혼자 산 곳이다.

하루는,
저 검은 기와집 대문 앞에
여자가 나와 있었다
나는 여자가 서 있는 곳을
지나가야 했었다

도랑에는 낙엽들이 들어차 있었고
물소리는 조그맣게
낙엽들 사이를 지나가고 있었다
여자의 시선이 끝까지
나를 따라오고 있었다

내가 지나가자
탱자나무 가지에 앉아
재잘거리던 참새들이

한꺼번에 날아올랐다

내 마음의 밑바닥은 비포장이다
시든 풀들을 밀며
거친 돌들이 튀어나온다
——「겨울에 지일에 갔다 7」 전문,
『나를 위해 울어주는 버드나무』

병 속의 고기를 움켜쥔 여우가 말했다. "내가 살던 집 아래 기와집이 있었는데, 하루는 여자가 서 있는 게 보였어요. 나는 고개를 숙이고 걸어가다 그 집 대문 앞에서야 고개를 들었지요. 여자는 어디론가 사라지고 없더군요." 경북 경주군 현곡면 소현 2리가 지일인데, 병 속의 고기를 움켜쥔 여우는 그곳의 폐가를 돌봐주는 명목으로 숨어들었던 것이다. 10년도 훨씬 전인 그 시절을 회상하는 병 속의 고기를 움켜쥔 여우의 말 소리는 가느다랗게 떨리고 있었다. 그때 두 여우는 저수지 앞에 앉아 있었다. 저수지 속에서 황소개구리가 한낮의 정적을 깨며 무서운 저음으로 우—우 울고 있었다. 그 울음 소리는 실제보다 몇 배나 자신의 모습을 부풀리며 연약한 두 여우의 마음에 공포심을 심어주고 있었다.

우리는 얼른 자리에서 일어났다. 병 속의 고기를 움켜쥔 여우를 따라 신 포도 여우도 종종거리며 걸어갔다. 그 당시 지일은 버스가 들어오지 않는 오지였다. 그 산골의 맨 끝에 자리잡고 있는 빈집으로 올라가는 골목, 낮은 담장 아래 발목도 안 올라오는 우물이 있었다. 병 속의 고기를 움켜쥔 여우가 혼자 속으로 짝사랑하던 스무 살 여자가 살던 기와집 앞이었다. 두 여우는 걸음을 멈추고 우물 밑바닥을 내려다보았다. 작은 우물치곤 속이 깊었다. 거기에 가을의 여린 햇살이 찰랑거리며 기억의 아득한 심연 속으로 들어오라고 두 여우에게 손짓하는 것 같았다. 이윽고 병 속의 고기를 움켜쥔 여우가 허리를 펴고 빈집으로 올라갔다.

"지일은 바람이 유독 심한 고장이에요. 저기 보이죠. 빈집 뒤로 펼쳐져 있는 대숲 말이에요. 바람이 불면 대숲이 물 빠지는 소리로 울어요. 나는 저기서 한 일 년쯤 살았어요. 낮엔 밖에 거의 나가지 않았어요. 그런데 하루는 기와집에 사는 아주머니가 찾아왔어요. 고무 대야를 머리에 이고 있었지요. 내가 쌀과 반찬이 떨어진 것을 알고 가져온 것이지요."

그 다음날 병 속의 고기를 움켜쥔 여우는 스무 살 처녀와 상면했다. 아무것도 치우지 않아 쓰레기장이 된 마당에 무릎까지 차오른 풀을 헤치고 여자가 나타난 것이다. 해가 중천에 떠오른 일요일 정오에 병 속의 고기를 움켜쥔 여우는 수돗가에 앉아 쌀을 씻고 있던 참이었다. 여자의 손에는 찬합이 들려 있었다. 그날 병 속의 고기를 움켜쥔 여우는 들국화 향기가 코끝을 스치는 마루에서 여자와 한 장의 사진을 찍었다. 그로부터 10년이 훨씬 지난 후 그 아련한 추억은 사진의 오른쪽 귀퉁이의 얼룩으로 남아 있다.

경주에서 학교를 다니면서 사람을 피해 왕릉에서 술을 마시던 소년, 이 병 속의 고기를 움켜쥔 여우. 무엇 하나 자신의 내부에 그려진 풍경을 지우지 못하고 화려한 유적지로 만드는 데 천부의 재질을 지닌 병 속의 고기를 움켜 쥔 여우는 자라서도 소년이었다.

한 마리 개미를 관찰한다

돋보기로 보는 개미
흐릿하게 확대되어
어지러운 마음속에 사로잡힌다

얼마나 추웠을까?

초점을 맞춘다
———「연민」전문, 『아픈 곳에 자꾸 손이 간다』

내가 당신 무덤을 파먹었지
내가 그곳을 열어보았지
너무 깊은 데 당신이 묻혀
그 추억을 파먹는 데 꼬박
천년이 흘렀다
———「경주」전문, 『아픈 곳에 자꾸 손이 간다』

앞 시를 읽다 보면 경주의 왕릉에 앉아 개미를 관찰하는 소년이 가슴 아프게 떠오른다. 아마도 늦가을이었으리라. 소년은 자신처럼 춥게 살아온 개미가 불쌍하다. 이 소년의 손에 실지로 돋보기가 들려 있든 없든 상관없다. 중요한 것은 개미가 자신처럼 버려진 존재라는 인식이기 때문이다. 소년은 개미에게 돋보기의 초점을 맞춘다. 나이를 먹어도 소년은 어른이 아니다. 어른이라면 이런 발상을 하지 않는다. 설령 이런 발상을 했다고 하더라도 소년처럼 행동에 옮기지는 못한다. 그러므로 이런 경우를 상상해볼 수 있다. 소년이 그뒤에 벌어질 일을 미리 알고 있으면서 개미에게 돋보기의 초점을 맞춘 것이라고.

경주의 왕릉에 뿌리를 내리고 있는 느티나무 역시 소년 자신에 다름아니다. 천년의 세월에 걸쳐 조금씩 왕릉에 뿌리를 내리며, 그 뿌리로 왕릉의 기억을 파내고 있는 느티나무. 소년 역시 조금도 다르지 않다. 자신의 내부에 있는 어떤 기억의 지점을 향해 끊임없이 뿌리를 내린다. 그 기억의 바닥에 가 닿는 순간, 천년만큼의 시간이 자신의 내부에서 흘러간 순간 소년은 자신의 죽음을 예감한다. 도대체 소년의 기억 밑바닥에 무엇이 있는 걸까. 그 단초를 소년의 첫 시집의 마지막을 장식하는 「잔디씨」에서 희미하게나마 엿볼 수 있다.

> 감자밭머리에 앉아 오래도록 기다렸네
> 그 아이 보이지 않고,
> 이십 년 가뭄도 퍼낼 수 없던
> 보창에 끈 풀린 별 하나 떨어져
> 풍금 소리 물소리에 막혔었네
>
> 그 아이 돌아오지 않고 기다렸네
> 개구리 울음 저벅저벅 울고
> 독새풀 헤치고 가는 초승달을 보았네

> 그 아이 무덤 위에
> 억센 조선잔디 보름처럼 입히고 싶었네
> 그 자리 억새 사이 빛 고운
> 잔디씨, 누런 봉투 가득 훑어
> 나만 홀로 학교에 갔었네
>
> ——「잔디씨」 전문, 『먼지의 집』

아이가 죽었다. 그 아이의 죽음은 어떤 죄의식을 '내'게 남겨놓았다. 이 시의 밑바닥에는 이와 같은 정서가 흐르고 있다. 20년이 흐른 지금에도 '나'로 하여금 감자밭머리에서 기다리게 하는 그 아이. 죽었으면서도 마음속에서 죽지 않은 그 아이로 하여 '나'는 그 시절 그 아이 무덤에 "억센 조선잔디 보름처럼 입히고 싶었"다. 그리고 그 후 억새 사이에서 가장 환한 빛살로 자라난 잔디씨를 훑어 누런 봉투 가득 담아 "홀로 학교에 갔"다. 20년이 흐른 지금 화자인 '나'가 그때 아이의 무덤에 조선잔디를 입혔는지 이 시에 확실하게 나타나고 있지 않지만, 중요한 것은 지금의 내가 그 시절을 회상하며 무덤 위의 잔디씨를 훑어 학교에 갔다고 믿는 마음에 있다. 가장 환한 슬픔을 얻기 위해 20년의 가뭄 속에서 그 아이에게로 돌아가려는 화자의 눈물겨운 노력이 2연까지 지속되고 있다. "보창에 끈 풀린 별" "풍금 소리" "독새풀 헤치고 가는 초승달"의 이미지가 그 과정의 지난함을 잘 나타내주고 있다. 이 시를 이해하기 위해 소년의 산문을 인용해볼 필요가 있다.

나는 반은 벙어리나 마찬가지였다. 사람들은 나를 '반벙어리'라고 생각하고 있었다. 말더듬이, 라는 말이 나오면, 나는 싸울 수밖에 없었다. 마음이 격해져서 욕을 하거나 마음을 가라앉히고 노래를 부를 때는 실타래가 풀리듯이 거침없이 말이 나왔다. 하지만 평상시엔 말이 막혔다. 아니 숨이 막혔다. 나는 질식할 것 같았다. 나는 중학교에 다닐 때까지 책도 제대로 못 읽는 문맹이었다. 〔……〕 그냥 할 일이 없었기 때문이었다. 풀줄기 몇 개를 묶어 줄넘기를 만들었다. 굳이 이름을 붙인다면 감꽃 줄넘기. 하지만 그걸로 줄넘기를 할 수는 없었다. 그렇게 하면 한 번에 감꽃들이 흩어지고 말 것이다. 나는 감꽃이 흩어질 것을 알고 있었다. 그걸 알면서 그렇게 하는 사람은 흔치 않을 것이다. 아이가 다가왔다. 〔……〕 홍수가 지나간 여름이었다. 나는 그 아이를 데리고 냇가로 갔다. 〔……〕 "나는 이 다음에 피아노가 될 거야." 나는 걸음을 멈췄다. "넌 죽었다 깨어나도 피아노는 될 수가 없어. 네가 무슨 나무냐. 피아노가 되게." 〔……〕 "그럼 넌 풍금이 되라. 음악 시간이면 언제나 칠 수 있는 풍금. 냇물에 돌 처박을 때 나는 풍금 소리……" 아이는 잔뜩 삐쳐 있었다. 〔……〕 나는 물가에서 환타병을 주웠다. 나는 돌 위에 올려놓았던 고무신을 가져왔다. 울퉁불퉁한 돌을 주어다 고무신 속에서 빨간 돌을 갈았다. 얼마 지나지 않아 고무신 속의 물은 환타빛이 되었다. 〔……〕 "야 그만 집에 가자." 〔……〕 나는 부엌에 가서 당원 몇 알을 들고 나왔다. 그걸 가루로 만들어 환타병에 넣고 흔들었다. 그러자 침전됐던 돌가루가 물에 섞여 환타 색깔이 돌아왔다. 나는 부엌에 들어가 대접을 들고 나왔다. 〔……〕 "오빠 지금 뭐 하는 거야?" "응, 환타 만드는 거야. 너 먼저 먹어볼래?" ──「피아노」(고딕체는 인용자)

소년은 이 산문을 통해 초등학교 3학년 봄에 자기 집 아래채에서 살게 된 선생님 내외와 다섯 살바기 여자 아이의 이야기를 담고 있다. 인용된 부분은 중간중간 끊기긴 했지만 소년의 성격을 파악하는 데 도움을 준다. 자기 또래의 아이들과 놀지 못하고 산과 냇가로 떠돌아다니던 소년에게 다섯 살바기 여자 아이는 더할 수 없이 좋은 놀이 동무였을 것이다. 물론 소년은 귀찮은 척하기는 했을 것이다. 하지만 아무에게도 보여주지 않던 감꽃 줄넘기를 꼬마 아이에게 해보라고 권유하거나 냇가에서 환타를 만드는 법을 보여주는 모습에서 소년의 속마음을 읽을 수 있다. 어쩌면 이런 행동은 소년이 태어나서 처음으로 마음의 문을 열고 타자를 자신의 내면으로 인도한 것으로 볼 수 있다. 그 결과물로 소년과 꼬마 여자 아이는 돌가루가 침전된 환타를 나눠 먹고 똑같이 배가 아프게 된다. 소년은 아무도 없을 때 조금씩 짜 먹곤 하던 치약을 아이에게 먹인다. 치약을 먹을 때마다 뱃속이 시원해지는 걸 느꼈기 때문이었다. 둘은 이제 오누이와 같은, 그래서 사람들이 사랑의 한 원형으로 느끼는 아름다운 관계로 접어든 것이다. 하지만 그 소녀는 이제 이 세상에 없다.

어른들은 아이에게 흰옷을 갈아입히고 지게에 지고 공동 묘지로 갔다. 나는 얼마를 따라갔다가 무서워서 땅바닥에 주저앉고 말았다. 개구리가 울고 있었고 별들이 유리 조각으로 변해 눈을 찔러대고 있었다. 멀리서 불 밝히고 땅 파는 소리가 들려오고 있었다. 누가 좀 와서 불이라도 밝히고 내 몫의 죄를 파갔으

면. 그 아이가 길을 잃고 헤매는 꿈을 꾸다 일어나 마시는 숭늉
은 쉬어 있었다. ──「피아노」

아이의 죽음은 소년의 죄의식의 근원이자 기억의 출발점이다. 어느 날 아이는 소년이 놀아주지 않자 혼자 냇가로 갔다. "노을이 붉게 물들인 들판 어디에도 그 아이의 모습은 없었다. 찾을 수 없었다. 이웃집 아저씨가 아이를 들고 뛰어오는 것이 보였다. 물에 젖은 머리카락, 물에 젖은 옷, 그 하얀 얼굴을 보았다." 그 아이의 마지막 모습을 본 순간을 소년은 이렇게 기록하고 있다. 지일에서 만난 20살 여자는 이 소녀의 또 다른 '환상'이다. 그것이 '환상'임을 알기에 소년은 "내 마음의 밑바닥은 비포장"이라고 확신하고 있으며, 그렇기 때문에 거기에서 늘 "시든 풀들을 밀며/거친 돌들이 튀어나"올 수밖에 없다.

소년은 자신의 밑바닥에 있는 기억을 온전하게 껴안기 위해, 그리고 그 기억의 바닥에 가 닿기 위해 자신을 폐허화시킨다. 세상은 아픈 것들로 가득 차 있기 때문에 세상에 있는 그런 존재들에게 소년은 '위로'를 보낼 수 없다. 소년은 "그보다 더 아픈 모습을 보여주는 것이 아픈 자에게 할 수 있는 최상의 위로가 아닐까?"(산문「정원을 바라보는 시간」) 하고 반문한다. 세상의 아픔을 치유하기 위해서는 내가 우선 아파야 하며, 그 역인 내 아픔이 곧 사물의 아픔이라는, 소년의 시작법의 시발점은 이 지점이다.

두 눈 질끈 감고
벌렁 누워

태양의 폭음을 즐긴다

단발 머리 소녀들
토끼풀 무덤 위
흰 꽃을 꺾는다

머뭇거리다, 시드는
꽃시계 꽃반지를 엮는다

나는,
마음만 먹으면
일곱 살 시절로 돌아갈 수 있어

토끼풀 무덤이,
잠깐 흔들리다
제자리를 찾는다.
　　　　　—「풀밭」 전문, 『아픈 곳에 자꾸 손이 간다』

　소년의 시에서 곧잘 '연민'의 아픔이 짙게 배어나는 것은 소년의 이러한 심리 상태에서 찾을 수 있다. 한 남자가 정오에 토끼풀이 가득한 풀밭에 누워 있다. 여름의 뜨거운 태양이 남자의 얼굴로 쏟아진다. 그 남자와 멀리 떨어져 있지 않은 곳에서 단발 머리 소녀들이 토끼풀 흰 꽃을 꺾는다. 그들은 꽃시계와 꽃반지를 엮는다. 그 중의 한 소녀가 또래들에게 소리친다. "나는,/마음만 먹으면/일곱 살 시절로 돌아갈 수 있어." 그 말이 남자의 폐부를 찌른다.

그는 회한에 사로잡힌다. 그러나 단발 머리 소녀들에게 자신의 회한을 들키고 싶지 않다. 그래서 남자는 짐짓 그 순간을 "토끼풀 무덤이,/잠깐 흔들리다/제자리를 찾는다"고 얼버무린다. 토끼풀이 무덤처럼 가득한 풀밭에 앉아 있는 이 남자. 어쩌면 그는 이창동 감독의 「박하사탕」에 나오는 주인공인지 모르겠다. 터널을 빠져나오는 열차를 향해 철교 위에 선 남자는 두 팔을 치켜들고 절규한다. "나 다시 돌아갈래!" 이 영화에서 주인공의 과거는, 연어의 모천 회귀를 연상시킨다. 소년의 경우도 마찬가지다. 이 시에서 남자는 과거로 근접할수록 순수해지고, 그것을 보는 우리는 거기에서 역설적으로 미래의 희망을 본다. "일곱 살 시절로 돌아갈 수 있어.""나, 다시 돌아갈래."

병 속의 고기를 움켜쥔 여우는 지일에서의 지난 추억을 이야기하다 말문을 닫았다. 그리고 잠시 후 신 포도 여우에게 공동 묘지로 가자고 했다. 신 포도 여우는 병 속의 고기를 움켜쥔 여우가 자신의 시에서 몇 번이고 써내고 했던 저수지 쪽을 물끄러미 바라보았다. 두 마리 여우는 그 저수지를 다시 지나 산 쪽으로 펼쳐 있는 논둑으로 향했다. 그 옆의 밭머리에 키 큰 미루나무가 지는 빛살에 강물 같은 잎사귀를 반짝거렸다. 신 포도 여우가 병 속의 고기를 움켜쥔 여우에게 말했다.

"얼마 전에 텔레비전에서 다큐멘터리를 봤는데, 아주 끔찍한 장면이 있었어요. 홍수가 나 상류에서 하류로 한꺼번에 떠밀려온 물고기가 나무 뿌리에 걸려 있었어요. 물살이 급격히 빠져나가는 바람에 물고기는 그만 나무 뿌리에 걸려 죽어가고 있었지요. 그런데 살모사 한 마리가 그 물고기를 겨누고 있는 거예요. 동굴 속에서 홍수를 견디다가 나왔으니 얼마나 배가 고팠겠어요. 살모사는 물고기를 향해 여유 있게 헤엄쳐 갔지요. 그리고 물고기를 한입에 덮쳤어요. 하지만 살모사는 다시 입을 다물 수 없었어요. 물고기가 살모사의 혀를 물고 놓아주지 않은 거지요. 그 물고기는 이빨이 상어처럼 안으로 경사져 있어 한번 물면 놓을 수 없는 물고기였어요. 결국 살모사는 물고기를 뱉어내려 요동치다가 같이 죽고 말지요."

병 속의 고기를 움켜쥔 여우는 갑자기 생기가 도는 목소리로 말했다.

"그렇게 처절하게 후회하며 죽을 수 있다니…… 한껏 벌린 채 다물어지지 않는 그 거대한 검은 입…… 아아아아아아아 하는 신음 소리가 들리는 것 같네…… 나는 그 시를 잘 쓸 수 있을 것 같아요."

신 포도 여우는 그 순간 병 속의 고기를 움켜쥔 여우에게 뭔가 말하지 않아도 될 것을 들킨 것같이 생각됐다. 신 포도 여우도 사실 그 시를 무척 쓰고 싶던 참이었다.

"그래요. 우리 같이 그 시를 써보죠. 우린 비슷한 것 같지만 틀린 면이 많잖아요. 나는 장시를 쓸 생각인데…… 어때요? 하지만 이 방면으론 당신이 전문가니 나보다 틀림없이 좋은 시를 쓸 것 같네요."

두 여우의 말은 여기서 끝이 났다. 특히 신 포도 여우는 날도 어두워지고 다리도 아파 그만 차로 돌아가고 싶었다. 공동 묘지까지 따라가 병 속의 고기를 움켜쥔 여우의 연민에 대한 이야기를 끝까지 듣는다는 것이 조금 끔찍스럽게

여겨졌다.

> 삽날에 목이 찍히자
> 뱀은
> 떨어진 머리통을
> 금방 버린다
>
> 피가 떨어지는 호스가
> 방향도 없이 내둘러진다
> 고통을 잠글 수도꼭지는
> 어디에도 보이지 않는다
>
> 뱀은
> 쏜살같이
> 어딘가로 떠난다
>
> 가야 한다
> 가야 한다
> 잊으러 가야 한다
> ——「이미지」 전문, 『아픈 곳에 자꾸 손이 간다』

 병 속의 고기를 움켜쥔 여우는 이미 어느 텔레비전 다큐멘터리에서 삽날에 찍힌 뱀을 보았다. 그리고 시로 썼다. 연민을 못 이겨 사라진 뱀. 그렇다. 병 속의 고기를 움켜쥔 여우는 병 속의 고기를 손에 쥐고 있던 적이 없었다. 그 소년은 병 속에 있었던 가장 찬란한 시절을 이미, 세상을 알게 된 어느 지점에서 상실했다. 어려서 늙어버린 소년은 병 속에 있는 연민을 붙잡고 어쩔 줄 모르고 있었던 것이다. 지독한 후회를 끊임없이 반추하며 끝없이 그 이미지를 시로 그려내는 소년에게 망각만큼 커다란 안식이 어디 있으랴. 목이 잘려야만 뱀이 어디론가 떠날 수 있듯, 연민에 빠진 소년이 연민에서 헤어나오는 길은 오로지 손을 놓는 것밖에 없다. 그러나 그것이 어찌 쉬우랴. 상처를 이기기 위해선 상처의 끝까지, 폐허를 이기기 위해선 폐허의 끝까지 가야 한다고 믿는 소년에게 '견딤'이란 곧 생존 방식이었던 것이다. 이러한 병 속의 연민을 꺼내려는 여우에게 신 포도 여우는 그저 망연자실할 따름이었다.

  소년이 끌고 다니는 낡은 지프에 올라타자, 두 마리의 여우는 곧 사람으로 둔갑했다. 시동을 걸자, 두 사람의 마음속에서 지일의 풍경이 사라지고 서울로 다시 올라가야 한다는 걱정이 그 자리를 메웠다. "서울이란 곳은 신 포도야. 그래도 가봐야 되지 않겠어. 뒤돌아서서 걷더라도 말이야. 안 그래요?"

  지프가 어둠에 빠진 지일을 뒤로 하고 쏜살같이 어디론가 사라지고 있었다.

3
—— 아버지가 된 소년에게(附記)

  세상은 아름답지 않다. 그러나 아름답지 않은 세상을 아름답게 보기 위해서는 오랜 관찰과 연민이 필요하다. 바라

봄은 묘사를 낳고 연민은 진술을 낳는다. 세상이 살 만하지 않다면, 살 만하지 않다는 것을 보여줘야 한다. 살 만하지 않은 세상을 살 만하지 않게 표현하는 것이 묘사이다. 연민이 끼여들거나 연민이 밑바닥에 깔려 있는 탓이다. 이윤학의 시는 이 연민을 묘사하려고 하는 데서 가능성과 한계를 동시에 지니고 있다.

그의 네번째 시집에 해당하는 『아픈 곳에 자꾸 손이 간다』는 이러한 그의 시작법이 거의 극점에 달한 인상을 준다. 시는 대체적으로 짧아졌고 풍경의 묘사 속에서 자신의 이미지를 확고하게 구축하는 방법은 더욱 견고해졌다. 그의 시는 90년대 시단에 있어 하나의 '처절한 내면의 사생화'로서 커다란 족적을 남기게 될 것이다.

 상상은 끝났다,
 버림받는 순간,
 그걸 깨닫기 무섭게
 끝없는 벼랑만 남았다

 눈보라치는 벌판 한가운데
 끝없이 나 있는 좁은 길바닥,
 내 맘을 따라온 발자국들,
 흩어지고 흩어지고 있다

 어디로도 가지 못한다, 나는
 나를 버리려고 헤매고 있을 뿐!
 나를 따라온 발자국들, 예전에도

나를 떠났던 것, 나는 나를 지우지 못한다

나는 내가 아니기를,
얼마나 오랫동안 바라고 있었던가

길가에 쳐진 버드나무 가지들, 그
길고 가느다란 꼬랑지들 쉴새없이,
사방팔방으로 찢기려고
발광을 하고 있다.
　　　　　——「눈보라」 전문, 『아픈 곳에 자꾸 손이 간다』

 이렇게 처절하게 내면의 고통을 표현한 시를 한국 시단에서 보기는 드물다(아마 이용악 정도일 것이다. 나는 그를 깊게 읽어보고 싶은 욕망에 휩싸이지만, 그 세계를 가보기에는 아직 내가 버려야 할 것이 많다). 하지만 위 시는 자신에 빠져 헤어나오지 못하는 화자의 정서가 사물을 압도하고 있다. 사물이 화자에게 틈입할 수 있는 통로가 막혀 있다. 눈보라치는 풍경 속에는 온통 화자의 정서만이 지배하고 있을 뿐, 사물과의 자연스러운 소통은 모두 막혀 있다. 극단적인 화자의 정서의 표출이 '눈보라' 마저 고통스럽게 하고 있다. 눈보라 속에 평화는 없는 걸까. 단 한 순간의 안식도 없는 걸까. 이윤학은 그러한 것은 존재하지 않는다고 단호히 말한다. "내 저주는,/나를 다 태운 뒤에야 꺼지는 거네"(「성환에서 1」), "걸어갈 길이 안 보인다/걸어온 길이 안 보인다"(「성환에서 2」), "거울에 비친 그의 얼굴,/그것 말고는 모두가 환상이다"(「겨울의 거울에 비친 창문 저편」),

"이제 나에게는/길에서 혼자 죽을 수 있는/독단도 남지 않았다"(「길」), "너는 평생 동안/가장 높은 곳에/가장 먼 곳에/통증을 모셔놓고 살았으니"(「해바라기」), "거기가 종착역이 아니다,/영원히 잘못 내린 것이다"(「기찻소리를 듣는다」), "숨을 곳이란, 자기 자신의/끝없이 어두운 동굴밖에는 없네"(「무사마귀떼에게 바침」), "썩은 물 고인 저수지는/어두컴컴한 내부만을 보여준다"(「밤의 저수지」), "어디, 자신보다 더 불쌍한 인간이 또 있을까"(「거울」). 어느 페이지를 펼쳐봐도 나타나는 도저한 이 비극적 상상력 앞에서 나는 그에 대한 끝없는 연민을 느낀다. 나는 최근 내게는 과분한 한 문학 대담(『동서문학』, 2000년 봄호)에서 그의 시에 대해 이렇게 술회한 바 있다.

이윤학의 시는 관찰에서 나오는 경우가 대부분입니다. 저는 그것을 처절한 관찰이라고 말씀드리고 싶어요. 그는 자신의 내면을 세상의 사물을 관찰하여 드러내는 시인입니다. 대개가 거의 폐허와 상실, 기억이 주를 이룹니다. 개미가 추울까봐 돋보기로 햇빛을 모아 비춰주는 시가 기억나는데, 저는 그 시가 이윤학씨 시를 설명하는 데 적절하다고 봐요. 결국 개미는 시인의 과도한 사랑에 타죽고 말죠. 그는 폐허에서 사랑을 꿈꾸는 시인입니다. 저는 그것이 자폐적인 데로 나아가지 않았으면 합니다. 그것이 극단적이 되면 일상과의 고리가 끊어지죠. 일상을 관찰하고 채집하는 시인이 그 행위를 통해 일상과의 관계를 끊게 되면, 그의 표현대로 하자면 자신을 파먹는 일만 남게 됩니다. 저는 그의 사랑에 구멍이 뚫리기를 바랍니다. 사랑도 흘러갈

곳이 있어야 풍성해집니다.

　현재 그는 아내와 살고 있는 자신의 '작은 거울'들인 한얼이와 한비를 보기 위해 일주일에 한 번씩 경주로 간다. 경주는 그의 처가가 있는 곳이다. 토요일에 낡은 지프를 타고 5~6시간씩 걸려 경주에 내려가는 도로에서 그의 시는 자주 씌어진다. 마치 위험한 순간에서 급브레이크를 밟은 것처럼, 그리하여 도로에 검게 두 줄기 바퀴 자국이 남은 것처럼, 그의 시는 생과 사, 기억과 현실을 넘나들며 독보적인 묘사의 영역을 생생하게 구축해왔다. "물 속처럼 드러나는 하늘을/룸 미러를 통해 쳐다보"(「길」)듯이, 그는 현실 속에서 끝없이 과거를 향해 질주해왔다. 사실 그 누가 이처럼 지독한 추억을 현재화하여 살고 있는가. 그 생각을 하면 그저 맑은 이 소년을 껴안고 같이 울어주고 싶을 뿐이다.

　　이파리 하나 붙어 있지 않은 감나무 가지에
　　무슨 흉터마냥 꼭지들이 붙어 있다

　　먹성 좋은 열매들의 입이
　　실컷 빨아먹은 감나무의 젖꼭지

　　세차게 흔드는 가지를
　　떠나지 않는 젖꼭지들

　　나무는,

아무도 만지지 않는
쪼그라든 젖무덤들을
흔들어댄다

누군가를 떠나보낸
저 짝사랑의 흔적들을 ──「꼭지들」 전문

이 시는 감이 모두 떨어진 앙상한 감나무 가지에 붙어 있는 꼭지들을 감나무의 젖꼭지로 인식하고 있다. "먹성 좋은 열매들"이 "실컷 빨아먹"고 가버린 감나무의 젖꼭지. 화자는 처연하게, 또 연민에 빠져 "아무도 만지지 않는/쪼그라든 젖무덤들을" 바라본다. 그 "짝사랑의 흔적들을."

인사동 거리를 지나간다.
긴 머리 퍼머한 흑인 여자. 아이를 안고 유물들을 구경한다. 갓난아이의 등을 토닥거려준다. 아이에게 물린 젖꼭지 보이지 않는다.
엄마의 시선을. 엄마가 보는 풍경을. 아이가 꾹꾹 빨아먹는다. ──「봄」 전문

이 시 역시 앞 시와 비슷한 맥락에서 씌어지고 있다. 이 시의 제목인 '봄'은 계절로서의 '봄'이면서 '바라본다'라는 의미에서의 '봄'이기도 하다. 나는 여기서 이윤학의 새로운 길을 엿본다. 아이는 엄마를 통해 세상을 바라본다(흑인이면 어떤가. 그는 온통 지난한 삶을 살고 있는 사람들, 버려진 풍경들과 자신의 동일시로 가득하다). 세상을 바라보

는 엄마의 시선을 통해 아이는 "엄마가 보는 풍경을" "꾹꾹 빨아먹는다." 이제 이윤학은 자신의 "짝사랑의 흔적"을 자신의 아이들에게 돌려줘야 할 때가 온 것 같다. "아빠는 잠만 자다 나가,/아침에 잠만 자다/어두우면 나가……" "아빠를 좋아하는 사람은/이 세상에 하나도 없어!"(「잠만 자는 방」, 『나를 위해 울어주는 버드나무』)라고 외치는 아이가 아버지를 짝사랑할 수 있도록 "젖꼭지"가 되어주어야 한다. "매일 밤, 술 먹고 늦게 들어와/허리 구부리고 자는 대하(大蝦)"로 머물 것이 아니라 "이제는,/종이로 접는 비행기는 시시해서/못 접겠단 말이야……"라고 외치는 아이에게 "종이로 접는 비행기"도 푸른 창공으로 훨훨 날아갈 수 있다는 것을 보여주어야 한다.

그와 함께했던 수많은 날들…… 그가 4년 간 카페 '이곳에 살기 위하여'를 경영할 무렵 우리는 서로 시를 읽어주며 밤늦게까지 어울렸다. 카페의 문이 닫힌 2시쯤 그의 집에 터덜터덜 들어가 우리는 얼마나 오락 야구를 하며 히히덕대곤 했던가. 얼마나 많은 아침을 함께 맞곤 했던가. 나는 그가 누구보다 열심히 살아왔다는 것을 안다. 카페의 벽 속에 또 하나의 카페가 차려질 만큼 그는 4년 간 거의 밖에 나가지 못하고 열심히 살았다. 그런 그 앞에서 속으로 나는 또 얼마나 많이 고개를 숙였던가. 내가 세상을 '신 포도'라고 믿으며 뒤돌아설 때마다 그는 자신의 추억으로 세상과 싸우며 처절하도록 아름다운 시를 써냈다.

나무와 나무 사이에 매달려 있는 거미줄, 그 견딤을 그는 이제 끝내고 싶어하는 것도 같다. 돌멩이라도 던져서 그 추억의 유폐지에서 빠져나오고 싶어하는 몸부림이 이번 시집에 극명하게 표현되어 있는 것을 보고 나는 그가 이제 새로운 길로 접어들리라는 것을 예감한다. 그는 자신의 시를 통해 아무것도 보이지 않는 극점의 순간, 화려한 무당벌레의 무늬가 짐이 되는 순간, 죽음 앞까지 가본 사람만이, 그 '짐'으로 하여 다시 세상을 살아갈 수 있다는 것을 깨우쳐왔다. 그 처절한 '견딤의 미학'이 그가 천형의 시인임을 증명한 것이다. 이제 우리 다시 시작하자.